Die Erde ist ein entlegenes Land

Für Maria

Wolfgang Wimmer

Die Erde ist ein entlegenes Land

Philosophische Gedichte

Bibliografische Information der Deutschen Nationalbibliothek
Die Deutsche Nationalbibliothek verzeichnet diese
Publikation in der Deutschen Nationalbibliografie; detaillierte
bibliografische Daten sind im Internet über http://dnb.d-nb.de
abrufbar.

© 2006 Wolfgang Wimmer
Satz, Umschlagdesign, Herstellung und Verlag: Books on
Demand GmbH, Norderstedt
ISBN 10: 3-8334-6186-1
ISBN 13: 978-3-8334-6186-6

Vorwort

Wir können das Leben auf zwei Weisen betrachten. Die eine ist offenkundig und entspricht unserer herkömmlichen Sichtweise. Die andere ist mehr oder weniger verborgen.
In den Gedichten habe ich versucht, dieser zweiten Sicht Geltung zu verschaffen.

Alle Wege, die wir machen, egal ob sie uns weg oder wieder zurück, hin oder her führen, werden auch als Nacheinander, als Aufeinanderfolge verstanden. Handlungen und Begebenheiten erscheinen als Kette fortlaufender, sich entwickelnder Ereignisse, die wir schmieden und an die wir geschmiedet sind.

Wir bewegen uns nicht allein im Raum, während die Zeit wie unabhängig davon vergeht, sondern durch diese selbst oder genauer gesagt: Wir werden durch die Zeit bewegt, denn es geschieht uns ja. Wir kommen zugleich aus der Vergangenheit und gehen in die Zukunft.
Wir folgen nicht nur den vielen Richtungen der Windrose, sondern auch der einen des Zeitpfeils.

Im Raum können wir andere überholen oder sie uns. Sie bleiben hinter uns zurück oder wir hinter ihnen.
In der Zeit sind wir stets „auf gleicher Höhe". Wir befinden uns nicht nur jeweils an einem bestimmten Ort, sondern stets auch am Kopf unserer Geschichte,

ohne allerdings deren Lenker zu sein. Wir sind immer am äußersten Punkt und können weiter oder weiter zurück gar nicht sein.

Wir gehen vor uns selbst hin, d.h. wir überholen uns und bleiben hinter uns in der Vergangenheit zurück. Da wir auf das Ende unserer Tage zugehen und Tote sein werden, sind wir von Anfang an Überholte. Wir werden gewesen sein. Wir sind gewesen.

Wir bewegen uns, anders ausgedrückt, nicht nur in der Weite des Raumes vor und zurück, hin und her und halten uns da und dort auf. Wir bewegen uns zugleich durch die zeitliche Dimension, durch die Weite des Lebens, die sich zwischen Anfang und Ende, Geburt und Tod auftut.

Wo immer wir uns aufhalten oder uns gerade hinbegeben, wir sind unterwegs zu den Dingen am Ende des Lebens. Natürlich sprechen wir nicht so. Wir sagen, daß wir gerade in diesem Zimmer, auf dem Weg zur Arbeit, auf dem Heimweg oder Rückweg seien und so weiter.

Jedoch fügen sich alle Aufenthalte und Wege zu diesem einen Weg zusammen. Wir haben uns nicht darauf begeben, er begibt sich und wir können nicht anhalten und umkehren, denn jeder Aufenthalt und jede Umkehr ist ja ein Weiter- und Fortgehen an das Ende, zu unserem letzten Tag und zu den Dingen, die er beleuchtet, also zu den letzten.

In der Weite des Raumes sind die Dinge (Landschaften, Berge, Wälder, Städte usw.) schon da und noch da. Ich treffe stets auf etwas. Wenn ich z.B. von einem Ort zu einem anderen unterwegs bin, so ist der erste Ort noch da und der zweite schon da. Ich bin es, der nicht mehr da und noch nicht da ist.

„Da" heißt in diesem Fall: Vorhanden, an dieser Stelle. Auch der Ort, an dem ich sterben und die Dinge, die ich zuletzt sehen werde, sind schon da. Nur das Wo und das Wann sind unbekannt.

Anders und umgekehrt ist es auf dem Weg durch die Zeit, durch die Weite des Lebens. So sind das Ende und die Dinge am Ende des Lebens noch nicht da und die, von denen ich herkomme, nicht mehr da, sonst müßte ja etwas in der Vergangenheit und etwas gegenwärtig in der Zukunft sein. „Da" heißt nun: Zur Stelle. Statt dessen kann ich auch sagen: zugegen, anwesend, gegenwärtig. Ich komme, so gesehen, nicht *da her* und gehe *da hin*, sondern komme *daher* und gehe *dahin*. Auch von der Zeit sagt man ja, daß sie dahingeht, ich bin ihr Gegenläufer.

Ich bin nicht bloß hier oder da, an dieser oder jener Stelle, bei diesen oder jenen Dingen, sondern die Dinge sind da, d.h. zur Stelle, zugegen, anwesend. Sie waren es nicht, als ich noch nicht war, und sie werden es nicht sein, wenn ich nicht mehr bin. Sie sind mir nur zeitweise entdeckt.

Ich kann mir z.B. meinen Sterbeort oder die Dinge am Ende des Lebens, zu denen ich unterwegs bin, vorstellen. Ich kann mir Entferntes, Vergangenes und

Zukünftiges vergegenwärtigen. Dann ist es da, ohne leibhaftig, wahrhaftig da zu sein.

Anders ist es auf dem Weg durch die Weite des Lebens. So sind die letzten Dinge da, d.h. zugegen in der Weise des Noch-nicht-da, aber nicht, weil ich sie vorstelle, sondern weil, solange, während ich unterwegs bin.

Es gilt auch das Umgekehrte: Weil, solange, während sie da sind in der Weise des Noch-nicht-da bin ich unterwegs.

Das gilt auch für alle Dinge auf dem Weg zwischen mir und den letzten, z.B. von einer Frühlingswiese, nun da es Winter ist oder von einer weihnachtlich erleuchteten Stadt, nun, da es Sommer ist.

Auf dem Weg, auf dem es keine Umkehr gibt, kann ich nicht sagen: Ich war schon einmal hier, an dieser Stelle, denn das hieße ja, ich wäre zurückgekehrt. Ich bin stets da, wo ich noch nicht, ja, wo noch niemand war, wie wir es sonst nur von der Zeit sagen. Denn wir sind immer an einem Tag, der noch nicht war. Ich gleiche also einem Entdecker, der ein Land betritt, in das bisher noch kein Mensch den Fuß gesetzt hat.

Während aber dieser im Raum etwas entdeckt, was schon da ist (vorhanden, an einer Stelle), ist auf dem Weg durch die Zeit etwas erst da (zur Stelle, zugegen), indem ich es entdecke. Zugegensein und Entdecktsein sind eins.

Ich gehe, so gesehen, nicht auf etwas zu, wie es bei einer Bewegung im Raum ist. Ich bin vielmehr unterwegs zu Dingen, die noch nicht da sind, damit sie da seien. Ich bringe sie her und hervor, bis sie hier sind, wie die Dinge um mich herum hier sind, zugegen. Ich lasse sie anwesend sein.

Gäbe es keinen Weggänger, gäbe es kein Hervorkommen. Das, was am Weg liegt, entsteht, indem einer ihn geht.

Ich zeichne meinen Lebensweg nicht bloß in die vorhandene Welt der Dinge und Menschen ein nach dem Modell, nach dem ich auch einen Lebenslauf schreibe: Wo ist wann was geschehen?

Der Lebensweg ist auch das Offenlegen des Lebensweges selbst. Wir meinen aber damit zunächst nicht Dinge, sondern nur Ereignisse, die uns anfangs verborgen sind und dann enthüllt, entdeckt werden (z.B. welchen Beruf wir ausüben, ob wir heiraten, ob wir Kinder haben, ob wir alt werden, ob Krieg sein wird).

Dagegen liegen die Dinge im Raum offen um uns herum. Nun aber wird der Lebensweg auch ein Offenlegen dieser selbst, also von Landschaften, Städten, Dörfern, Straßen usw.

Die Dinge liegen und die Menschen begegnen uns am Lebensweg, auf dem Weg zwischen Nichts und Nichts, und erscheinen nur jemandem, der auf diesem Weg ist. Wo auch sonst sollten sie sein?

Das Dasein der Welt, der Dinge und unserer selbst erscheint uns gewöhnlich fraglos und selbstverständlich. Nun waren wir aber nicht und werden nicht sein. Wir sind nicht bloß Lebende, wir waren Ungeborene und werden Tote sein. Wir finden uns also an einem Ort vor, der unauffindbar war, uns eine Weile entdeckt ist und wieder unauffindbar sein wird.

Ich kann mich an einem Ort zu einem *Zusammensein* verabreden. Verliebte treffen sich zu einem Stelldichein.
Zum *Sein* und zum *Zusammen sein* aber kann sich niemand verabreden. Die Orte und Dinge, bei denen wir uns begegnen und zu Gesicht bekommen, waren, wie gesagt, unentdeckbar und werden es wieder sein. Sie stellen sich nicht ohne uns ein und sind da und wir nicht ohne sie. So gesehen gehören sie zum *Zusammen sein* oder zum Stelldichein. Das eine kann nicht ohne das andere sein. Das scheint zunächst Abhängigkeit zu bedeuten, Verlust der Selbständigkeit. Aber gerade dann erscheint der Andere als der Andere, das Andere als das Andere, nicht mehr als Objekt und Gegenstand.

Mit diesen beiden Betrachtungsweisen war ich beschäftigt, als ich die Gedichte schrieb, und manchmal hat mir das Schreiben beim Nachdenken geholfen.

Das Leben eben noch
lag es vor mir
wie ein unbestelltes Feld
wie ein verborgenes Geheimnis.

Nun liegt es hinter mir
wie ein Labyrinth
aus dem ich heraustrete
in die Stille dieses Tages.

Dorther komme ich
wohin die Tage gehn
und gehe dorthin
woher sie kommen.

Mein Haus ist wie
viele Herbergen
am Wegrand
ich kehre ein
doch nie
kehr ich zurück.

Fort geh ich
immerfort
landeinwärts
den Sonnenuntergängen zu
heimwärts.

Dem Strom der Zeit sich überlassen
zusehn wie der Tag zum Abend wandert
die Furt der Nacht durchqueren
und ans Gestade eines andern Tages steigen
kommen, gehn.

Heute trübt keine Wolke den Himmel
und kein Gedanke an den Tod
betrübt meine Seele.
In den Buchten des Himmels
ruht still das Land und ein Tag vergeht
wie der andere als sei es
ein einziger, der nicht vergeht.

Wo ich bin?
Klaglos warte ich
an der Zeitmauer
der unübersteigbaren.
Dahinter verborgen
das unbetretene Land
Wege, die ich
enthüllen werde
das mir auferlegte Schicksal.

An der Schwelle des Tages
verharrt die Zeit
als könnte zurückkehren
das Gewesene.
Der Mond ist noch da
und schon ist da die Sonne
an einem Lidschlag hängen
Licht und Dunkelheit
offen liegen die Wege
wie der Fall des Würfels
noch ist nichts geschehen
noch ist niemand gestorben.

Nur einen Tag weit.
Das Land eine Matte
ausgespannt in den
Winden des Himmels
die Straße eine Brücke
an nichts gehängt.

Was tue ich als ob
schon dazwischen
der Tod gefahren ist
wie ein helleuchtender Blitz?

An den Rändern der Nacht
verlorene Sterne
das nach Ferne
tönende Einst.

Auf der Reise
durch die Tage
das Himmelszelt
meine flüchtige Bleibe.

Über der Erde
schlag ich es auf
ein Stück weiter
jedes Mal.

Die Sommerwiese
dort, wohin ich gehe
weit, weit da vorn
so fern, so fern
wie der Abend, der sich
über sie senkt.

Die Sommerwiese
dort, woher ich komme
weit, weit da hinten
so fern, so fern
wie der Abend, der sich
über sie senkte.

Beinahe töteten mich Niedertracht
und finstere, nachtdunkle Dummheit.
Öd und leer erschien mir die Zeit.
Ich war ärmer als ein Bettler.
Fast hatte ich vergessen:
Ich bin jemand
der durch die Torbögen des Himmels
und durch die Saalfluchten der Tage zieht.

Auf dem Weg nach morgen
geht der Mensch voll Sorgen.

Geht dahin und kommt daher
ist nicht was und ist nicht wer

war nicht und wird nicht sein
oft verlassen und allein

unterwegs von nicht zu nicht
manches ihm gebricht.

Doch weil er ist geringe
erscheinen ihm die Dinge.

Die vielen Richtungen
der Windrose
die eine des Zeitpfeils
da hin und dort hin
dahin, dahin.

Was wird aus meinen Wegen
wenn ich nicht umkehren kann?
Sie kommen mir entgegen
und fangen von vorne an.

Da wo ich komme her
war etwas
und ist nichts mehr.

Da wo ich gehe hin
wird etwas sein
weil unterwegs ich bin.

Kein Tag kehrt wieder
nur der Tag und mit ihm
wie reiche Beute in
eines Schiffers Schleppnetz
alles, was im Freien lag.

Die Gegend längst verwelkt
im Gestern glänzt mir neu.
Den Weg, der längst gegangen
doch nun wie frisch gefallner Schnee
begehe ich wie ich den Tag begeh.

Das Leben des alten Bauern
eng und begrenzt
wie ein steiniger Acker.
Der immer gleiche Horizont
sperrt ihn ein
nie sieht er die Dinge
die dahinter liegen
gleich hinter dem Dorf
beginnt die Fremde.

Doch welche Weiten
durchmaß er
im Gang der Jahre.

Durch die Weite des Raumes
so und so weit und
so und so lange.

Durch die Weite des Lebens
solange bis es
soweit ist.

Columbus

Den gewaltigen Raum suchte er
nach neuen Ländern ab
und ahnte kaum, daß er enthüllte
die verborgenen Pfade der Zeit.

Viele Male brach er auf
und kehrte heimwärts zurück
und wußte kaum, daß die Reisen
nur Teile einer anderen Reise waren.

Er kannte Windrose und Sternbilder
und fand den Kurs auf dem weglosen Meer
und dachte kaum, daß er in eine Richtung fuhr
die es nicht gab, der unumkehrbaren.

Am Ende entdeckte er keine
Goldküsten, sondern ein leeres Zimmer
und fand darin den Tod, der ihn
schon lange erwartet hatte.

Hinter dem Ozean das Land
das sich versteckt
es war schon da
wie hätt er's sonst entdeckt.

Hinter Tag und Nacht das Land
das sich versteckt
war da erst
als er es entdeckt.

Ihr Berge, Wälder, Gärten
nah und so entlegen
ihr Städte, Straßen, Häuser
da zugegen
wo Menschen gehen
auf des Lebens Wegen.

Ich zeichne meinen Weg
nicht in die Landschaft ein
sie liegt an meinem Weg
und wie auf großer Höh
wenn ich den Abgrund
und den tiefen Fall erseh.

Wo anders sollte sie auch sein
und wem anderen sich zeigen
als jemandem, der auf dem Weg
ist zwischen Nacht und Schweigen?

Es war Krieg.
Ich wollte etwas ändern.
Erst vieles. Dann weniges.
Ich gab mir Mühe.
Es war umsonst.

Ist es nun verwerflich
wenn ich mich
unter einen Baum setze
damit der Friede
ein Zuhause hat?

Im Zimmer liege ich
bei offenem Fenster
fast unter Bäumen
schlafe ich ein
Blüten fallen herab
ich höre noch
der Vögel letztes Lied
und die Wasser der Nacht
die in der Erde rauschen.

Vom toten Gerede
wache ich auf
denke ich nur
an die offene Weite
des Himmels, durch die
Wolken ziehn und
Regen fällt
und an die gefaltete
sanftgeneigte Erde
wo Flüsse hinabgleiten
zu ihren Meeren.

Der schöne Tag
in Violett zerflossen
ist dahin.
Glauben möchte ich
es gäbe einen Gott
daß nicht zugrunde gingen
diese schönen Dinge.

Langsam, langsam
möcht ich rufen
so wie man
um Hilfe schreit
bitten möchte ich
die Zeit, die Unerbittliche
um einen Augenblick der Daseinsrast.

In der Strömung
des Eiswindes
fern der Barmherzigkeit
eine leergefegte Schneebene.

Der Schnee gefriert
und fällt in Stücke.
Das arme Herz
spricht ein Gebet.

Der Tag ist untergegangen
mit seiner leichten Fracht.
Wo über blaues Gras
die Sonne lief
blühn Kirschgärten
reift der Mond.

Blaß, übernächtigt
wird er stehn am andern Tag
der bald heraufkommt
mit seiner leichten Fracht.

Ich sah
den schneegefallenen Mond
einem Wegstein glich er
in das Feld geworfen.

Vorüberwandernd
sah ich ihn
immer wieder
all die Jahre.

Die Anwesenheit der Dinge
ein Blitzschlag
in tiefer, tiefer Nacht.

Die Wolken
wie Eisberge
auf dem Meer.

Hundegebell.
Die Totenglockenstille
zerbricht.

Der Wolkenturm
steil über dem Berg.
Niemand sah ihn
außer mir.

Auf einmal fiel mir ein:
Ich werde vergessen
daß ich gewesen bin.

Der Tod.
Heute erscheint
er mir wie
nach getaner Arbeit
der Feierabend.

Plötzlich bemerkte ich
den Himmel und erschrak.
Ein Fremder, der mich
schon lange beobachtet hatte.

Meerwärts
die grünen Kuppen
so fern.

Fällt darauf
mein Schatten
sind sie hier.

Spät auf meinem Weg
gelangte ich auf diesen Hügel.

Nun seh ich hinab
auf das Land und das Meer
und auf mein Leben.

Der Chimborazo
über dem Marktplatz
von Riobamba

Siehst du
in der kalten Bläue
den Eisberg?

Morgen werde ich
hinaufsteigen
auf einer Wolke
von Schnee.

Ach, mein Leben vergeht
wie Schnee, der neben
die Erde fällt.

Weit, weit dort hinten
der Anhalter an der Chaussee.

Weiß nicht, daß er
unterwegs ist hierher.

Der Kirchacker
auf einer kleinen Anhöhe
am Ende vieler Wege.

Das Rauschen des Regens
auf den Blättern
wie ein Wasserfall.
Wären es die letzten
Geräusche der Welt
ich wär's zufrieden.

So weit erstreckt sich das Land
zwischen Morgen und Abend.

Und ist doch nichts, sobald
sich Nacht und Nacht berührn.

Die Ungeborenen
wissen nicht
was ihnen blüht:
das Leben.

Ich wohnte
am Fluß der Zeit.
Ach, nie floß er
ruhig dahin.

Gute Nacht, Sonne.

Und leuchte mir
noch manchen
guten Tag.

Die Zukunft
stets
um die Ecke.

Der Weg
wie Wasser, das
zu Tal fließt.
Unaufhaltsam.

Im Winter
der Gesang von
Wasser und Stein
bald erstirbt er.

Des Frühlings Blüten
wollte ich festhalten.
Wie Schneestaub zwischen den Fingern.

Das kleine Stück Strand
von der Sonne beschienen
bald wird es verschlungen sein
von Meer, Nacht und Tod.

Jemand geht vorüber.
Unterwegs zu den Dingen
am Ende des Lebens.

Über Nacht fielen
Schneeflocken
auf die grünen Hügel.

Am Morgen öffneten
Blüten
die großen Augen.

Wir Todgeborenen.
Nichts gehört uns nur
die flüchtige Gegenwart
der Dinge.

Nichts erklären
nichts lehren
das Unerklärliche zeigen.

Im Zimmer
am Kopf meiner Geschichte
sie fortschreibend.

Die Dinge
am Lebensweg
wo sonst?

Die Tischkante
bald unauffindbar wieder
ferner als Gestirne
die unbegreifliche Nähe.

Zurückblickend.
Ich nähere mich
auch wenn ich mich entferne.

Vorausschauend.
Ich entferne mich
auch wenn ich mich nähere.

Vor mich hingehend
hinter mir zurückbleibend
mich überholend
mich erwartend
längst überholt.

Ich bin wer?
Ich komm daher.
Wer ich bin?
Ich geh dahin.

Fragt man mich nach meiner Adresse
ich habe keine
ich kann nur antworten:
am Feldweg, unter der Milchstraße.

Die Einsamkeit begleitet mich.
Sie sitzt mit mir am Tisch
und geht mit mir zu Bett.
Wie allein wäre ich
ohne sie.

Lauter, lauter, als könnten sie
das Schweigen der Welt übertönen.
Schneller, schneller, als könnten sie
hinter die Zeit kommen.

Die Streifen der Flugzeuge
Erinnerungen, die verblassen
bald spurlos.
Gegen Abend
glühende Speere
von einem Ort zum anderen
geworfen.

Bei wem lebt
die Erinnerung
an das, was Gott gemeint?

Seine vergessenen Tränen
wer weint sie
sollte er traurig sein?

Hinter dicken Mauern
modern seine Zeichen
in verholzten Herzen
liegen sie begraben.

Unter meinen Augen
gilbt das neue Grün
der bunte Garten
wird verdorren
die fernen Felder
bleiben brach
in meinem Lieblingsbaum
sitzt abends jetzt die Nachtigall
und kreischt.
Das junge Jahr ist schon gealtert
von den Menschen-Dingen bin ich müde
hinfällig beinah blick ich
wie aus einem Fenster
hinaus aus meinem Dasein
ausschauhaltend, doch noch
wissen möcht ich gerne
ob Gott keine Wehmut kennt.

Was bin ich traurig, wenn ich in den Abend fahre?
Ich sehe, daß ich ziellos durch die Tage treibe
und nichts mich vor der Nacht bewahre
und da nichts bleibt, ist sie die einzige Bleibe.

Es ist des Lebens kurzes, bittres Glück
daß wir vom Tode nicht genesen.
Ich weiß, ich kehre nicht zurück
zu sehn, ob etwas ist, wo ich gewesen.

Eben war ich noch nicht und
gleich bin ich nicht mehr
aber dazwischen geschah Unglaubliches.

Ich sah Ebenen, durch die
große Ströme flossen
darüber stand das Firmament.

Manchmal war es von heiligem Blau
oder wolkenbedeckt als sei es
aus geädertem Marmor gehauen.

Des Nachts taten sich
seine Tiefen auf
mit Sternbildern, -karten und -zeichen.

Unter mir breitete sich aus
die grasbewachsene Erde
und das wogende Meer.

Das alles sah ich und viel mehr
ich, der eben noch nicht war
und gleich nicht mehr bin.

Vom Traum erwachend
merke ich
daß es ein Traum war
nicht Wirklichkeit.
Von der Wirklichkeit erwachend
merke ich
daß sie Wirklichkeit ist.

In der Ferne eine Wolke
die meine Trauer trägt.
Das Geräusch der Schritte
der Fußgänger auf den Bürgersteigen
das Gewirr ihrer Stimmen
wie eine Fremdsprache.

Auf einmal scheint es mir
einer Erklärung bedürftig
daß ich hier bin
mitten unter den Lebenden
näher läge es
wenn dies nicht wäre
wenn nichts wäre
wäre alles klar.

Denke: das kann nicht sein
sehe, es gibt keinen Grund
daß es ist
suche nach keinem Grund
weil's ohne Grund ist
löse kein Rätsel
lasse sein das Geheimnis
ein Geheimnis, die Wirklichkeit
Wirklichkeit.

Falle aus der Welt
wie aus dem Schlaf
verliere fast das Bewußtsein
bin endlich wach
denke nicht dies oder das
sondern: es ist.

Leibniz

Gestern regnete es.
Warum kann ich nicht sagen:
Gestern regnet es?
Die Grenzen der Sprache
sind die Grenzen der Welt.

Aber wenn es nun gestern
tatsächlich regnet?
Aus welchem Himmel
über welchem Land
fiele der Regen?
Wenn morgen
die Sonne scheint
nicht morgen erst
sondern schon
wohin fielen ihre Strahlen?

Wenn einst eine Blume blüht
ich meine nicht:
blühte oder blühen wird
wer pflückte sie?

Wenn dort etwas wäre
ein Anwesendes glänzte
es wäre nicht von dieser Welt.

So viele Welten auf einmal
wie die flirrenden Speichen des Rads
oder die Tage des Jahrs
oder noch mehr.

Eingehüllt in meinen Mantel
wie in einem ungeheizten Zimmer
sitze ich in dieser Welt
der anderen Welten denkend
in den ungeheuren Abgründen
von Gestern und Morgen
und Gottes Größe.

Was ist das Leben?

Ein kurzes Verweilen
zwischen Kommen und Gehen
Geborenwerden und Sterben.

Ein bescheidenes Obdach
in der Öffnung
von Himmel und Erde.

Ein Aufenthalt bei
bald entschwundenen Gegenden
die noch draußen liegen.

Ein Wohnen in der Nähe
der Dinge und des Todes.

Was ist der Tod?

Ein Sich-Verbergen
aller Dinge
ist der Tod.

Er ist der Preis
für die Gabe
ihrer Gegenwart.

Der Tote aber ist
die Erinnerung
an ihr Dagewesensein.

Was ist der Himmel?

Ein von der Erde
weggezogener Schleier.

Ein Freies, in das
die Welt hineinragt.

Ein Offenes, in dem der
Erde schönes Anwesen erglänzt.

Ein Spiegel, in dem
die Dinge sichtbar werden.

Ich lebte auch
an den Ufern des Ognon.
Nun, da ich tot bin
fließt immer noch der Ognon
aber wo, aber wo?

Aber es gibt doch auch
die beinahe überirdische
Schönheit der Welt
und zuweilen sogar
die Liebe unter den Menschen
und die Zärtlichkeit eines Tieres
und die Sanftmut der Pflanzen.
Vielleicht gibt es doch einen Gott.

Sind nicht die Zeiten
die du lebtest
heute schon
als seien sie nie gewesen?

Die Gegenden
durch die du kamst
sind sie nicht
als hätte ein Toter sie bereist?

So sicher gehn wir umher
im Beständigen.

Doch ist ein Stein im Weg
genügt es, daß wir
enthülln das Dunkel
welches wir nicht sehn
und den Schleier lüften
der auf unserm
ungewissen Schicksal ruht.

An einem Hain von Ölbäumen denke ich
an ein verlassenes Dorf, so lange schon
daß die Bewohner fortgestorben
an ein Tal, im Winter wasserreich
im Sommer heiß und trocken
an Hügel, die es vor den Winden schützen
und vor des Meeres gewaltigem Anblick
daran denke ich als sei ich gestorben und sei
der Tod ein Schmerz über das Verlorene.

Ich weiß, daß ich auf Reisen bin.
Daher betrachte ich Alltägliches
wie andere Sehenswürdigkeiten betrachten
Florenz oder Venedig zum Beispiel.

Und wie sie sagen:
Das da ist der Dogenpalast
und das da die Seufzerbrücke
so sage ich:
Das da ist ein Waldweg
und das dort eine Wiese
und das da oben nennt man Himmel
das da ist ein Dorf
und das da eine Hütte.

Die Erde betrachte ich wie ein Land
entlegener als jedes Land der Erde
und das Allernächste wie das Entlegenste
und das Unscheinbarste wie das Rühmenswerteste.

Eine Straße in Quito, die sanft abfällt
ein rostiges Geländer in der Bucht von Lima
ein Klingelknopf und eine braungestrichene Tür
eine Hütte im Urwald
eine andere in Canto Grande
das Haus auf der Insel der Indios
die Flughalle in Caracas
eine Treppenstufe auf der Plaza San Martin
der Felsen eines Berges.

So viele Gegenstände, schöne und häßliche
dort, wo mein Herz wohnt.

Ich habe Sehnsucht nach ihnen.
Wenn ich Geld hätte, würde ich hinfahren
bloß damit sie hier sind
so wie jetzt der Tisch hier ist
an dem ich schreibe
bloß damit sie gegenwärtig wären.

Die Verweigerung ihrer Anwesenheit
empfinde ich
wie die Verweigerung des eigenen Daseins
wie eine Ahnung des Todes.

Ja, ich denke an sie
als wenn ich tot wäre
und dürfte mich ihrer
noch einmal erinnern.

Das dunkle Pflaster unter den Füßen
draußen der Bach, das Gras
der Erde schöne Liegenschaft
als ob es ein heiliger Ort ist.

Mit der Hand
etwas berühren.

Und wußte nichts
von dieser Welt
und werde davon nichts mehr wissen.

Sag, von welcher Art
ist das Berühren?

Ich, ein Lebender
ein Ungeborener, ein Toter.

Also sehe ich
noch nicht Dagewesenes
und Dagewesenes:

In des Himmels Augenaufschlag
das schimmernde Meer
und die schöne Erde

und vor mir
diesen grauen Fels
unfaßbar nah.

Wenn es wahr ist
daß ich die Erde unter den Füßen sehe
warum sollt ich nicht auch
die Dinge einer anderen Welt sehen?

Ich hatte nicht erwarten können
daß es diesen Fluß geben würde
und diese Stadt, in der ich
zur Welt kam.

Und überhaupt hatte ich
nicht erwarten können, daß es die Welt
geben würde und mich.

Warum dann da ich
nichts erwartete erscheint mir
nichts unerwartet?

In der Ecke ein Bett
gegenüber ein Schrank
Tisch und Stuhl
vor dem Fenster ein Baum
das also war das Zimmer
in dem ich wohnte
das bald verwaiste.

Kleine Häuser beiderseits
Vorgärten, selten ein
Spaziergänger, abgestellte
Autos, manchmal Vogelrufe
das also war die Straße
die ich entlangging
die bald verlassene.

Felder und Hügel
Bäume, der Himmel
Wolken, manchmal
ein Regenguß
so also sah das Land aus
in dem ich lebte
das bald verschollene.

Ich konnte nur wenig
und konnte niemandem befehlen.
Ich konnte kaum meine eigene Sprache.
Ich konnte keine Reichtümer anhäufen.
Ich konnte nicht ohne Sorgen leben.
Ich konnte nicht tausend Schiffe
und Flugzeuge über das Meer schicken.

Ich lebte weitab
von der Macht und vom Reichtum.
Ich betrachtete sie voll Mißtrauen
und verachtete sie wie die Dummheit.
Ich konnte kaum etwas ändern
am Lauf der Dinge
es war so wenig, als sei ich
gar nicht da gewesen.

Da ist nichts,
dessen ich mich rühmen kann.
Ich konnte nur die einfachen Dinge,
die jedermann kann.

Ich konnte über die Straße gehen
und konnte, zwei Straßen weiter
einen Freund besuchen.
Ich konnte die Stimmen der Menschen hören.
Ich konnte dich sehen
wie du, heiter wie die Sonne
über den freien Platz auf mich zukamst.
Ich konnte auf der Suche nach dir
in der Stadt dich finden.
Ich konnte ans Meer fahren
und meine Füße hineinhängen.

Was ich nicht alles konnte.
Wie groß sind die einfachen Dinge
wieviel Ehre wurde mir zuteil.

Herr, ich weiß nicht
ob es Dich gibt.
Ich habe auch kaum
darüber nachgedacht.
Wenn ich bloß handle
wie wenn es Dich gäbe
gibt es Dich.

Ich war da
ich weiß nicht wie.
Mit staunenden Augen sah ich:
das Land, das Meer, die Städte
und die Menschen.
Ich fühlte die Luft auf der Haut.
Wem soll ich dafür danken?
Also danke ich Dir.

Du gabst mir ein leichtes Leben.
Was Du mir auf die Schultern legst
wiegt nichts
wenn Du mich trägst.

Und wenn Du mich
mit Unglück und Leid überschütten würdest
daß mir das Leben unerträglich würde
Du machtest mir doch den Tod leichter.

Sieh, es kann mir nichts geschehen.
Wenn meine Feinde kämen
um mich zu quälen
Du hülltest mich ein
in Dunkelheit und Finsternis
daß sie mich nicht finden könnten
und nähmst mich fort.

So wie ein Kind
die Eltern bittet
daß es noch
draußen bleiben kann
zum Spielen im Freien
bis die Nacht kommt
so bitte ich
(aber wen?)
daß ich noch
draußen bleiben kann
im Freien
bis die Nacht kommt.

Irgend jemand mußte ich sein
daher zog ich mir an
Name und Beruf
wie eine Tarnkappe
damit niemand sah
daß ich nichts war.

Doch wollt ihr wissen
wer ich war
denkt an mich
wie an die Toten
die auch nicht sind
nicht mehr und nicht weniger
war ich.

Ein Entdecker war ich
denn ich habe die Küsten
der Welt gesehen
ein Abenteurer war ich
denn ich betrat
der Erde schönes Anwesen
ein König war ich
der unter dem Himmel lebte.

Im Garten des Lebens
pflücke ich Blumen.
Könnte ich nur eine mitnehmen
in die Wildnis des Todes
und dort anpflanzen.

Des Menschen Schicksal ist hart genug.
Er kommt zur Welt, ohne gefragt zu werden.
Unaufhaltsam durcheilt er des Lebens Weg.
Er stirbt, ohne gefragt zu werden.
Fast ist es, als würde er von einer Höhe
in den Abgrund gestürzt und das alles
geschieht ihm sehenden Auges.
Die Gegenden, die er Heimat nennt
und die Lieben, die er täglich trifft
unauffindbar und entschwunden sind sie bald.
Das alles muß er erleben.
Wirklich, des Menschen Schicksal ist hart genug.
Wir hätten Grund, einander zu erbarmen.

Ich lieb dich
wie mein Leben.

Seitdem du gingst
da sag ich:
liebt ich dich.

Fort bist du
fort die Liebe
fort das Leben.

Wie überstirbt man
nur und lebt
Stund um Stund
fern der Gnade?

Den Himmel gibt es nicht
und die Hölle gibt es nicht
und auf Erden
ist kein Wiedersehn
habe ich gelesen.

Wie groß ist dann
daß wir einander
ansichtig sind gewesen.

Wir müssen alle sterben
früher oder später
bitter ist es.

Doch daß einer von uns beiden
früher oder später sterben wird
als der andere und einer verläßt die Welt
in der der andere noch atmet
ist bitterer noch als daß wir
früher oder später sterben.

Könnte doch die Zeit
still dahingehen, ereignislos
und Tag und Nacht sein
wie Ein- und Ausatmen.

Und könnten wir die Gesichter
zur zarten, durchsichtigen Luft heben
wie Blumen fast und miteinander sprechen
solange wir sind.

Das Leben wird uns genommen.
Sei nicht traurig deshalb.

Der Tod wird uns nicht genommen.
Sei nicht traurig deshalb.

Wir wären sonst ausgesetzt
nicht endender Gefangenschaft
und ewigem Sonnenschein.

Mit jenem Tag, an dem ich dich zuletzt gesehn
scheinst du die Zeit stromschnell hinabzutreiben
ich ließ dich dort am Straßenrande stehn
jetzt mußt du wie Vergangenes unvergänglich stehen
bleiben.

Doch lebend ziehst du deines Weges Schneise
verweilst dich auf der Tage ungeheurer Lichtung
und beide sind wir auf der Reise
und beide haben wir dieselbe Richtung.

Ich denke oft, du gehst an meiner Seite
und gegenwärtig bist du mir aus weiter Ferne
ich hoffe sehr, daß ich auch dich begleite
so sind wir wie am Himmel weit entlegene Sterne.

Und gehen immerfort auf ganz verschiedenen We-
gen
und kommen aus der Zukunft uns entgegen.

Ganz sacht berühr ich dich mit meinen Händen
und möcht dir meine Liebe zeigen
und stehe da im großen Schweigen
und frage mich: wie wird es enden?

Mich wunderte es nicht, wenn wir uns wiederfän-
den
als Bäume, die sich sanft im Winde neigen
und sich berührn mit ihren Zweigen
und die einander Schatten spenden.

Ich liebe dich.
Nur eine Weile
bist du da
wie Mond und Sonne
doch ohne Wiederkehr.

Ach Liebe, die Wege sind uns verborgen
unser Blick geht zum fernen Horizont
aber nicht zur nächsten Stunde
und niemand weiß, ob morgen
ihm ein Seiendes glänzt.
Vertrau dich der Nacht an, vielleicht
wird morgen wieder da sein, was da gewesen.

Traure nicht
wenn du früher fortgehst
und auch wir sollten
nicht zu sehr trauern.
Glaube mir, es sind
nicht Jahre, nur Minuten sind es
und wir folgen.

Du gehst nur voran
wie ein Kundschafter
der nicht zurückkehrt.

Ob dort etwas ist
ob wir uns wiedersehen
wer kann es wissen?

Doch mag es sein:
Wenn wir dies Land verlassen
betreten wir ein anderes.
Warum sollte es nicht
ein Land geben
das wir betreten
wenn es ein Land gab
das wir verließen?

Trat vor längst verwehter Zeit,
aus einem Haus.
Kehrte nicht um
ging geradeaus.

Aus Himmeln, welche
nirgends aufgehängt
von vielen Wettern
wurde ich bedrängt.

In einer Finsternis, wo
niemand sieht
sah ich eine Wolke
die durchs Blaue zieht.

In Gegenden, wo
niemand wohnt
blieb vom Tode
ich verschont.

Vergaß, was alles war
wie man vergißt.
Weiß bloß, daß da
etwas gewesen ist:

Ein Haus, ein Garten
dein Gesicht, dein Haar
und jemand, der ich
gewesen war.

Wie oft hat uns das Leben
(auch ich weiß, es ist schön
und hänge daran)
mit schmutzigen Fingern angefaßt
so daß wir glaubten
nur die Wasser des Todes
könnten uns wieder reinwaschen.

Warum also den Tod fürchten?

Ach Liebe, Überholte
sind wir, Gewesene
von Anfang an
im Abgrund liegen wir
derweil wir noch
auf sanften Höhen wandern.

Ich bin traurig. Traurig bin ich
weil ich sehe, wie die Tage dahinschwinden.
Gleichen sie nicht Blumen
von einer Hand in die Tiefe geworfen?
Ich sehe ihnen nach und zähle sie
und weiß, daß meine Tage gezählt sind.

Ich bin traurig. Traurig bin ich
weil meine Reise ihrem Ziel sich nähert.
Gleicht sie nicht dem Weg des Korns
zwischen den Mühlsteinen und noch immer
ist mein Mund voll Salz und Bitterkeit.

Traurig bin ich, doch
dankbar will ich sein
daß ich den Himmel und die Erde
und dich gesehen habe.

Viele sind gestorben
seit ich hierher komme.

Cecilia, die Frau meines Freundes
Bracionil ist tot.

Ich kann nicht verstehen
wie ein freundliches Lächeln
und eine sanfte Stimme
in eine Urne passen
auf dem Friedhof von Tavira.

Auch der Architekt Moitinho ist verschwunden.
Ich sehe ihn noch vor mir, wie er
den Maurern Anweisungen erteilt.
Die Erde hat ihn verschluckt auf einem
Friedhof in Lissabon.

Formloser und flüchtiger als eine Wolke
ist die Gestalt eines Menschen.

Ich frage mich, wer nicht mehr sein wird
wenn ich wiederkomme oder
wenn ich nicht mehr wiederkomme.

Zum Tode von Heinrich Böll   Dienstag 16.7.1985

Eine eisblaue Stunde brachte der Juli
inmitten nachmittäglicher Sommerheiterkeit
selbst Tränen gefroren in der Todesstille
die entstand.

Wie kann Liebe leben
Leben lieben, ohne dich
in dieser bösen Zeit
in diesem leeren Haus, das keiner hütet.

Die schöne Poesie der Kraft
erstarb mit dir
die Klarheit unserer einstigen Tage
bekam nun dunkle Augen.

Übernächtigt naht schon
das dürre Morgen
wie eine ausgemergelte Klosterfrau
die nie ein Kind genährt.

Mehr weiß ich heute nicht zu sagen
so werd ich schließen
Adieu, Genosse unserer Traurigkeit
Gefährte unserer Zuversicht.

Du Freund Baum
an der Ecke
drei Schritte
vor meinem Haus.

Äste in Sepia
weit ausgestreckt
und in Geduld
heben das Firmament an.

Mauve-weiß geflammte Blüten
Lichter des Frühlings
fliegen den Wolken zu
heiter und leicht.

An der Ecke dort
steh ich und wink dir
Freund Baum
bei jeder Heimkehr.

Mit jedem Jahr
komm ich
um ein Jahr weniger
und einmal nicht mehr.

In der
untergegangenen Nachbarschaft
wird dir
keiner mehr winken.

Nicht einmal
wissen werden wir davon
du und ich
auch niemand sonst.

Meine Augen, welche
viel gesehn
sehn nun die Dinge, die vor mir stehn:

die Stadt, das Haus
die Straßenecke und darüber
jene Wolke dort, wie hingetupft

und wie der Wind sie fortträgt
trägt die Zeit mich fort

und komme endlich
an den Ort, an dem
ich sterben werde
und möchte rühmen dann
den Himmel und die Erde
und möchte vor dem großen Schweigen
die Dinge segnen
die sich hier mir zeigen.

Die letzten Dinge, die ich seh
ich kann nicht hingehn, doch ich geh
zu ihnen, die ich seh zuletzt
dann sind sie hier und es ist jetzt.

Um meine letzte Stunde
steht was?

Ein blauer Himmel oder
ein wolkenreicher
ein Gebirg aus Eis
ein Krankenzimmer?

Den Weg dahin
bring ich hervor
wie diese Zeilen

bis hier es ist
wie dieser Abend hier
wie Tisch und Stuhl
und dieses Schreibzeug
das in meiner Hand ruht.

Die Erde liegt so schön am Tage
Die Berge stehn heraus
die Felder blühn im Frein

Kommt dann der Abend
geh ich ohne Klage
in das Haus
des Nichtseins ein.

Den Tag, der heute ist
hat niemand je gesehn
das Land, das er erhellt
kein Mensch konnt es begehn.

Hinter der Nacht
ein aufgeweichter Weg
hinter zwei Tagen
ein Berg im Nebel
hinter dem Sommer
ein Vogelschwarm
hinter Weihnachten
Schnee auf dem Gras
hinter dem Winter
grünende Bäume
am Ende des Wegs
die letzten Dinge.

Die Straße mit den Bäumen ohne Grün
wie fern die Straße, wo sie blühn.

Wo ist der Weg zu jenen Blütenbäumen
die beiderseits die Straße säumen?

Wie soll ich, sag mir, dorthin gehn
zu jenen Bäumen, die in Blüten stehn?

Dazwischen liegt der lange Winter
wie komme jemals ich dahinter?

Auf welchen Wegen soll ich dorthin gehn
da doch die Wege erst entstehn?

Auf Straßen, heut noch unbegangen
werd ich zu jenem Ort gelangen.

Und Tag und Nächte gleichen Türen
die mich zu den verborgnen Dingen führen.

Und sind wie Pforten, die sich auftun
zu unbetretnen Räumen, die dahinter ruhn.

Auf Wegen, die sich erst begeben
durchmesse ich die Jahreszeiten und das Leben.

Ich geh nicht hin, ich werd dahingegangen
zu jenen Bäumen, die in Blüten prangen.